고요의 수다

고요의 수다 이든시인선 144

전철세 시집

이든북

시인의 말

시를 쓴다는 것은

점 하나에도 희망 담아내는 일인데
늘 부끄러운 자화상만 돌아본다

그래도 시절 인연 만나
드디어 점 하나 찍는다

이끌어 주신 모든 분께
고맙고 감사한 마음 전한다.

2024년 추석 무렵
전철세

| 차 례 |

시인의 말 | 5

제1부 꽃등

격포항 물안개는 새붉다　13
아틀리에를 위한 시　14
굴비에 대하여　15
된장　16
시의 편린　17
밤 새, 봄　18
어느 봄날　19
호박꽃　20
트럭 탄 돼지　21
수국, 허공에 꽃피우고　22
시와 삼귀다　23
거미줄에 걸린 나를 두고　24
아르페지오네를 위한 서시　25
선녀의 구상　26
안부　27
냄비　28
고요의 수다 · 1　29
열반　30

제2부 다솜

꽃들아 고마워 33
밥풀떼기꽃 34
유채꽃 길 36
꽃의 유언 · 1 37
뚝배기 38
할미꽃 연가 39
구름과 나 40
심우도 41
트럭 탄 소 42
지천명에 즈음하여 43
꽃 마중 44
천 번의 약속 45
접시꽃 46
천사는 날개가 없다 47
연리지 48
늦가을 오후 49
탱자 차를 마시며 50
고요의 수다 · 2 51

제3부 윤슬

은행나무 55
가을 벤치에 앉아 56
아버지의 노래 57
여우비 58
가묘 앞에서 59
숨 60
계룡산을 오르며 61
이명 교향곡 62
무명초 64
산이 된 여자 65
금방이다 66
첫눈 앞에서 67
아침을 열며 68
천사의 선물 69
백비염원 白碑念願 70
괜찮은 술버릇 71
보드카의 추억 72
파리의 기도 74

제4부 혜윰

호접춘몽 77
복날의 단상 78
첫사랑 79
더존 세차장의 가을 80
불수의근 81
바람꽃 82
무명용사의 비 83
면회 84
세월의 간극 85
미란꽃 86
바다에게 길을 묻다 87
수산리 촌놈 촌가시나들을 위한 연가 88
술의 시학 90
기우杞憂 91
풍등 92
잡념 93
자지 왜 나왔어요 94
시의 무게 96

해설 | 비밀의 취향과 삶의 아포리즘 · 박주용 97

제1부

꽃등

「격포항」

격포항 물안개는 새붉다

그 가시나가 보고 싶다고 해서 새벽 물안개가 죽인다고 해서 큰맘 먹고 간 거였어 격포항 앞바다에는 별들이 내려와 철썩대며 추억을 출렁이고 있더군 주낙을 드리우고 포말로 부서지는 격포의 겨울 낭만을 밤새 낚시질할 요량이었지 우리는 파도 소리 들려오는 소라껍질 속으로 들어가 짐을 풀고 방을 꾸몄어 북방파제 등대 아래 파도빛 밀어들이 꿈결처럼 밀려들고 별똥별 스러지던 새벽쯤이었을 거야 뽀얀 민낯을 한 물안개가 실루엣 걸치고 붉은 반달로 피어올랐어 이내 붙여우 그 가시나 격포항을 새붉게 물들인 거지 물안개가 죽인다는 걸 그 가시나 온몸으로 보여준 거였어.

아틀리에를 위한 시

고흐의 빛나는 겨울밤
자작나무 사이로 하얀 눈은 내리고

깊어가는 겨울밤 찾아간 4B아틀리에,
화실 창가에 비친 캔버스의 유채는

십자가를 짊어지고 걸어가는
별들의 거룩한 암전

그대가 별에 이르기 위해
한 편의 시를 쓰고 그림을 그리는 것은
어쩌면 또 하나의 여백과 빈 화폭이 되는 일

자작나무 사이로 하얀 눈은 내리고

별빛 물감에 채색된 그녀는
고흐의 그림 속으로 걸어가고.

굴비에 대하여

밥상에 굴비 한 마리

바다 꿈꾸는 듯
눈 감지 못한 눈망울은
가난한 시인의 언어

해풍에 뼈까지 스며드는 슬픔
파도 되어 밀려온다

굴비屈非

시인의 가슴에
염장을 지른다.

된장

우러나야 맛나지
으깨지고 부서져도
부글부글 속 끓더라도
우려지면 우려지는 대로
몇 년이고 기다려야 한당께
아니면, 한 백 년 기다리며
영원히 속이나 삭이며 살든지 말든지

오늘도 나는
햇살 좋은 장독대 구석탱이 앉아
숨죽여 묵상하며
엄니의 툽툽한 손길 기다리고 있다.

시의 편린

첩이 첩 꼴 못 본다는 거

시인이 시첩 안으로 들어가
첩의 치마 속 뒤적거리는 거

그것마저도 한 편의 시였으면 좋겠다

하늘로 돌아가서도
시를 읽거나 쓰고 싶거나

첩이 첩 꼴 못 본다면서도 함께 산다는 거
다 그만한 사연이 있다는 거

세상은 한 편의 시라는 거

살다 보면 알게 된다는 거.

밤 새, 봄

솟적 솥적 소쩍
솥소쩍 솥쩍다 소쩍다 붙쩍다 붙었다
섯다 섰따 붑뽀소 붓섯다
둠칫둠칫
두견 두견새
자규 접동 울음에
밤새워 붑뽀소
덩그마니 외딴 산골 오경
미혹 일깨우는 소쩍새 울림
드디어 봄
까까까 까아까
휘리릭,

어느 봄날

그리움은 가슴속에 묻어 둘 때
제일 행복하다고 친구가 말했고
나도 그게 맞겠다 싶어 겨우내 그리움 용케도 참아왔지요
그러다가 봄이 왔어요
매화나무 목련꽃 가지마다 꽃망울 움트고
나무도 꽃도 다투어 피어나는 데
왜 이리 가슴은 설레는지요
친구에게 달려가 그리웠노라 먼저 말하고 싶어도
가슴속에 묻어 두어야 제일 행복하다던 말
자꾸만 떠올라서
나는 말도 하지 못하고.

호박꽃

담벼락 뒤켠에 핀 함박스런 꽃,

셋방살이 자투리땅에서
뙤약볕과 홀대 두엄 삼고도
어슬렁어슬렁 자라는 걸 보면
눈망울 끔뻑이며 우직하니 밭이랑 갈던
시골집 누렁소가 꽃으로 피어난 듯 싶다

꽃은 붙임성도 좋아
강아지풀 쇠비름 지칭개 망초 애기똥풀과도
서로 감싸 안으며 잘 지내고
벌들도 기웃대는 걸 보면
조만간 덩치 큰 자식들 쑥쑥 낳고
잘 키울 게 분명하다

꽃 씨방 속에는
복이 넝쿨째 굴러나올 채비하고 있다.

트럭 탄 돼지

돼지들 눈망울과 마주쳤다

서로 핥아주고 비비대고
안아주고 사랑하고 아이들 낳고 기르고

어디로 가는지도 모르고

네 눈망울에 비친 모습 보면
나 지금껏 어찌 살았나 싶다

모든 걸 주고 미련 없이 떠나는
너를 보며

꿀꿀거려도 포기할 수 없는 삶
다잡는다

하루를 살아도
서로 핥아주고 비비대며.

수국, 허공에 꽃피우고

연분홍, 좋은 시절
이슬 한 방울도 영롱하나니
올망졸망 살았어도
잘 살았다

불두화, 시절 인연에
참꽃 헛꽃 구별 없이
일심으로 키웠더니

꽃씨도 열매도
향기마저 내어주고

꽃이 꽃을 버린 채
저만 홀로 푸른 길

헛살았다.

시와 삼귀다

큰딸 카톡 하느라 손가락 바쁘다
저 혼자 배시시 웃기도 하고
세상과 동떨어진, 별천지 여자 사람

애인 있는 거 아니냐고 아내에게 물었더니
느닷없이 '삼귀다' 알아요?
모르면 입 닫고 쉿
어학사전에도 나오는 요즘 신조어라는데
가만 듣던 둘째 딸 하는 말
그 말도 한물간 지 오래라고
초딩 조카에게 물어보란다

신조어도 세상도 거듭 진화하는데
여전히 구닥다리 표준어에 빠져
삼과 사 사이
풋사랑 언저리만 끼웃대고 있다.

거미줄에 걸린 나를 두고

계룡 터미널 한켠,
거미줄 타고 흔들리는 파리를 보았다

가녀린 떨림,
저만치에서 그가 온다

숨 막히는 적요

외나무다리에서 만난 것은
꼭 만나야 할 인연이었나, 업보였나
물끄러미 바라보는데

부르릉,
서울행 고속버스가 출발한다.

아르페지오네*를 위한 서시

선율 따라 세월 뒤안길 걷고 있다

바흐의 무반주 첼로 곡,
새벽 별빛 머금은 음역대는
낮은 데로 향하라는 님의 속삭임

집시의 자유와
음 경계 넘나드는 선율은
참회하며 살라 하는 천상의 울림

세상 향한 가없는 묵상,
존재 일깨우는 되울림

사라진 것들을 위한
오롯한 독주곡

더없이 덧없어라.

* 아르페지오네 : 비올라와 첼로 중간 크기 악기, 여러 이유로 역사 뒤
  안길로 사라졌다.

선녀의 구상*

선녀는 이 세상 내려올 때마다
이 나무에만 날개옷 걸어두고 선녀폭포 찾았다는데
꼭 만나고 싶은 사람 있어,
속내 보여 줄 구상까지 다 했던 거지
마음 보여주려 구상나무 택해 옷 걸어둔 거였어

순백의 푸르른 구상
살아 백 년은 선녀의 옷걸이로
죽어 백 년은 고산의 파수꾼으로
빙하기 바다 품어 안은 나무

법통 이을 열매 하늘 향해 우뚝 솟고
나무는 선녀 마음 다 안다는 듯
천의무봉 옷자락 흔들어 댄 거였어.

* 구상: 한반도 고유종으로 고산지대만 자생하는 나무로 열매가 하늘을 향하고 있음.

안부

치매 걸린 노모
새벽 세 시에 나를 흔들어 깨운다
네 아버지 어디 가셨냐
이렇게 추운 데 왜 여태 안 오신다냐

밤하늘 쳐다봤다
문득 올 첫눈 소식 궁금하고
이왕이면 펑펑 내렸으면 싶었다
아버지 닮은 함박눈 내린다면
노모의 손 잡고
집 마당과 장독대로 가는 길과
만경강으로 이어지는 동네 앞길도 쓸고 싶다

스무 살 꽃다운 나이에
수십 리 밖 개정면에서
꽃가마 타고 역굴로 시집온 송호리 댁과
눈사람도 만들고 눈싸움도 해볼 요량이다

첫눈처럼 아버지가 그리운 날이다.

냄비

뜨겁게 일렁이는
출렁거림 아니어도

묵직한 언어로
라면 한 그릇 우려내고 있다

냄비의 한 생이라야
뜨거움 참아내는 게 전부라지만

찌그러진 냄비일수록
깊은 맛 더해지듯

수다로운
낡은 남자를 위한 변명

나는 냄비다.

고요의 수다 · 1

잠 못 이룬 밤
텅 빈 고독 일깨워

덩그마니
고요와 수다 떠노라니

새근새근 졸고 있는 별들 속
반짝이는 너란 존재

입 열면 곧 무지無知라지만
그래도 무지 하고픈 말 많다

너에게만
속삭이고픈.

열반

스님

불 들어갑니다

이 뭐꼬?

할喝

시원합니다.

제2부
다솜

「꽃」

꽃들아 고마워

길모퉁이 덩굴장미 몰래 꺾어 온 나를 보며
지는 꽃은 다시 필 수 있지만,
꺾은 꽃은 다시 피기 어려우니
꽃 함부로 꺾지 말라던 그녀
새침한 당부 피어나는 하지의 초후初候입니다
꽃사슴 뿔 간다는 시절에
담벼락 기댄 채 고개 숙여 묵상하는 꽃,
아름다움은 침묵에서 피어난다는 말 떠올랐습니다
자리 다투지 않고 오고 감에 얽매이지 않는 걸 보면,
가시덤불 울타리치고 온몸으로 기도하던 수도자가
꽃으로 환생한 건 아닌지 싶었습니다
꽃 함부로 꺾지 말라던 그녀가
피어나는 하지의 초후입니다.

밥풀떼기꽃

4월이 오면
논산 1번 국도변 갓길에서
자주색 추억 힐끔거리게 하는 꽃

황산벌, 봄길 지나다 보면
밥풀 꽃 그 여자 피어난다

저 나무 이름은 박태기,
밥풀처럼 올망졸망 핀다며
보랏빛 꽃 입술 터트리던 여자

황산벌, 그 길 걷다 보면
그 여자 립스틱에 묻어나던 보라색 밀어들
꽃이 되어 웃는데

꽃다운 봄날 뒤로하고
밥꽃 피워냈을
개태사 보살 눈시울 선하고

지금,

그들은 떠나고 없지만

올해도

그 자리에는 그 여자 피었다.

유채꽃 길

강경 너머 세도 유채꽃 길 거닐고 있다

늦바람이 더 무섭다고 하더니
꽃샘추위 시샘하는 날
경찰서 조사받으러 오라는데
물 좋은 유채꽃 길 먼저 걷는다

연둣빛 정장 입고 가끔은 홀로 걸어 보라는 듯
속 좁은 외나무다리 건너야만 만날 수 있는 꽃

샛노란 꽃물결 찰랑이는 유채밭 길 걷다 보면
두 손 꼭 잡고 느릿느릿 머물고 싶은 발걸음

꽃향기 넘실대는 더없이 좋은 봄날,
조사받으러 가는 것도 복이려니 싶은데

어줍은 시 쓰며 살아온 죄로구나.

꽃의 유언 · 1

잘 살아라

나는 괜찮다

들릴 듯 말 듯

꿈꾸는 엄마의 기도

부르튼 입술 너머로

꽃향기 피어난다.

뚝배기

애간장에
부글부글 속 끓어도

마침내는
얼큰하게 달달하게
감칠맛 우려내고야 마는

검게 그을리고
속이 타들어 가도

너를 위해서라면
불꽃 속에서도 춤추는

어쩌면,
가슴 뜨건 용광로.

할미꽃 연가

평생 밭농사 자식 농사짓느라
단장 한번 못하더니

인제야
꽃단장하였구나

얼마나 애달프면
등 굽은 할머니로 환생했을까

고단했을 한 생
하얀 홀씨로 흩날리는데

선산에 저 소녀
수줍은 듯 귓속말로 하는 말

꽃 중의 꽃은 재비꽃*이에요.

* 재비꽃 : 미나리아재비목인 할미꽃을 축약 표현

구름과 나

돌아갈 곳 머물 집마저 버렸으니
되돌아볼 일 없는 거고
어디라도 걸림 없이 자유롭게
유유자적 흘러가다 사라져도 좋다는 걸기다

처음엔 솜사탕처럼 가벼웠을 구름이
수천 마리 선한 양과 백마 몰고 오고
푸른 하늘 유영하는 인어와 고래 떼들
지옥과 천국에 갇힌 예수와 부처
거침없이 수놓기도, 사라지게도 한다

삶이란 한 조각 구름이라고
살아있는 순간들이 한 폭 그림이라며
추억 묻은 일기장 두둥실 펼쳐 보인다.

심우도

군산 동국사에 가면
가섭존자 아난존자도 모르는
하얀 새 한 마리

음메

쇠풍경 딸랑이며
소가 웃는다

코뚜레 잡은 손 당기면서
어슬렁어슬렁

가없는 인연 길
함께 걸어가잔다

쇠털 다 셀 때쯤이면
그리움의 끝 만나지 않겠냐며

그렁그렁 눈망울
깜빡거린다.

트럭 탄 소

트럭 탄 소야
나는 내 님 만나러 가는데 너는 어디로 가니?
나는 마구평 지나 탑정호로 가는데
너는 공주 의당 방면인 걸 보니
굴레 벗으려 작심하고 세상과 담판 지으러 가는가 보다
너의 발자취 거슬러 가면 너는 전생에 나의 아버지
자식 농사짓느라 새벽부터 논밭 일구시던 내 아버지
아버지 걸으신 길 묵묵히 뒤따랐으니, 내 형이기도 하고
머지않아 나도 뒤따라야 할 텐데
너처럼 묵직할지 걱정이다
한 덩치였던 네가 우직스럽게 초식의 삶 고집하면서도
한 생애 일궜던 쟁기와 달구지
떼어 놓으려니 홀가분하겠다
의당에서 워낭과 코뚜레마저 벗거들랑
금강 고마나루 솔밭 길과 정안천 생태공원 길
좋다 하니,
걸어보길 권해 본다.

지천명에 즈음하여

이 세상에 갚아야 할 빚이 남아있거나
세상 어디엔가 쓸모가 남아있을 것 같기도 하고
아니면 지구 한 모퉁이 어딘가에서
애타게 나만을 기다리고 있을 것 같은
첫사랑 미란이에 대한 유쾌한 이끌림 때문일까
아직도 나는 가지 않고 잘도 버티고 있다
하기야 살아 지옥이 죽어 천국보다 낫다는데
더 이상 바랄 것 있겠냐마는
그래도 말이다
이 나이 되도록 마침표 없는 시 끄적이면서
불면의 우주나 기웃거리고 있다는
덧없는 무지에 대한 광망한 외로움
불꽃처럼 살다 가는 것도 글렀고
이것도 숙명이라면 남은 내 인생은
다시 오지 않을 것처럼,
미련 없이,
후회 없이.

꽃 마중

더디 오시기에
조바심치며 떠난 봄 마중 길
구례 산수유마을과 광양 매화마을
섬진강변 따라 펼쳐지는 꽃들의 순례길

움트는 꽃봉오리 너머로
봄을 만난다는 건
온전한 속울음 터뜨리며
다시 꽃 편지 쓰는 일

찬란하게 눈물겹게
섬진강변 꽃바리 사이로
피어나는 봄

다시 만나러 가는 길.

천 번의 약속

천 번쯤은 더 눈 맞춰야
치매 걸린 엄마는 나 기억할까
여기저기 꽃소식 지천인데
눈 돌릴 틈 없는 것은
눈 밖에 날까, 잊혀질까
두렵기 때문이다

엄마의 휑한 눈을 보면
이 세상 진 빚과 갚아야 할 것들과
아버지 뒷모습 자꾸만 떠올라
차마 내려놓을 수 없는 거다

여전히 엄마 눈 속에는
도리질하는 내 강아지 뛰놀고 있다.

접시꽃

멀대처럼
키만 훌쩍 컸던
그 꺽다리 가시나

풋풋한 보리 내음 나던
그 촌가시나

어느샌가
연분홍 꽃 되어
오뉴월 문지방 넘나들고 있다

붉게 타오르는 그리움
하얀 속곳에 감추고서

멀대같은
그 가시나

꽃 되어 웃고 있다.

천사는 날개가 없다

거미줄 타고
춤추는 나비

에펠탑보다 높이 날고픈 꿈
펼치고 있다

작두 탄 애기동자
하늘 뛰놀듯

호랑나비 한 마리

하늘길 오르는 데는
날개 필요 없다며

온몸으로 춤추고 있다.

연리지

서로의 어깨 내어주고

누가 먼저랄 것도 없이
기대고 의지하며

둘은 하나 되어
초록 온정 나누고

천둥 번개도 두렵지 않고
장미꽃도 부럽지 않다고

저 나무들처럼

나도 너에게
어깨 내어주고.

늦가을 오후

빈 들녘
허수아비도
그리움에 시 쓰는
늦가을 오후

감나무 가지 끝에는
감꽃 사연 하나
까치밥으로 매달리지요

덩그마니 걸려 있는 노을빛 오후,
옷깃 여미는 겨울 길목에 서면

그리운 사람 하나
구시렁구시렁 피어나지요.

탱자 차를 마시며

떨떠름하거나
시큼하거나

잘 익은 햇살과 살가운 바람으로

세월 속에 삭이고 어르고 익혀가면서
그윽한 탱자 향 하나쯤은 우려내야 하지 않겠는가?

고요의 수다 · 2

새벽길 걷다 보면
밤하늘에 피어나는 무수한 별들의 수다

못다 한 말
고맙고 미안했을 사연들
잠들지 못한 채 반짝거리고

꿈속에라도 너를 만나
밤새 조잘대고픈 맘 일렁이는데

어느새
밤낮 경계 스러지고
찬연히 흩어지는 무명無明*

다시 세상은 수다롭고
별들은 고요하다.

* 무명(無明) : 불교 용어로 무지(無知), 무지(無智)의 뜻

제3부
윤슬

「두계천」

은행나무

노란 단풍 옷 입고 까치발로 서 있는 여자.

가을 벤치에 앉아

한평생이라야
썩어 문드러질 때까지 마음 내어주고
잠시 쉬었다 가는 이들 위로하고 배웅하는 일이 전부
늦가을 벤치에 앉아 폐품 수집소에서 본,
낡은 의자 등에 붙은 오천 원짜리 스티커 떠올렸다
이런저런 존재들의 값어치 셈해 보는 오늘
바람도 없는데 잎새 한 잎 떨어진다
물끄러미 나와 나란히 놓고 보는데,
삶의 무게 감당하느라 수고했을 이들 추모하는 듯
까마귀 운다
내려가야겠다.

아버지의 노래

수국 사이 우두커니 걸어가는 장대비는
벼락 치는 새벽 물꼬 트러 가시던 아버지의 뒷모습

세상 티끌 쓸어 안으며
터벅터벅 강물 속으로 걸어가는 장맛비는
범람하는 새벽, 빗줄기 뚫고
총총히 집 나서던 아버지의 발걸음

방죽배미 사이로 너른 바다 일렁이고
금방이다, 니 엄마 잘 모셔라
마지막 당부 귓전 울린다

뚜벅뚜벅 내리는 장대비는
세상 곤한 잠 일깨우는 불호령이거나
철부지 사내가 쏟아내는 한줄기 눈물이거나

가을 들녘에서 부르는 아버지의 노래이거나.

여우비

저 구름 따라가면 그대 만날까

가을 그리움 어찌지 못하고
파란 하늘에 비가 내린다

꽃 같던 그대
어디에 계시는가

여우 가시나
남몰래 눈물 훔친다.

가묘 앞에서

만경강 언저리 햇볕 잘 드는 곳
젖무덤 하나
내 강아지 어부바하며
포대기 사이로 전해오는 온기
생전 화장 한번 안 하시던 엄마가
곱게 치장하고 들어갈 신혼집
2남 4녀 자식 위해 젖 먹던 힘 다 쏟고는
홀연히 선정에 들 보살의 집
스물셋 꽃다운 나이
역굴로 시집온 송호리 댁
머지않아 꽃가마 타고 와
안식 누릴 곳.

숨

보이지 않는 것들에 대하여 묻는다
자식 위해 전부를 내어주고 하늘로 간 엄마
숨죽이며 사는 삶이 누군가의 일생이었다면
슬프다, 참 슬프다
숨 쉬는 것조차 버거운 삶이라서
혼자서는 숨도 쉴 수 없어 산소호흡기 탯줄 삼고
튜브 꽂아 연명하면서도
자식들 만나면 희미한 미소로 화답하던 엄마
이제는 편한 숨 쉴까?
보고 싶은 맘, 움 틔우는 봄
바람의 숨에 대하여 묻는다.

계룡산을 오르며

꽃동백 닮은 그녀 손 잡고 계룡산 오른다
오고 가며 마주치는 나무와 꽃들의 미소
남매탑 오르는 길
상주 처녀와 스님의 염불 소리 청아하고
삼불봉에서 바람과 입맞춤하는 들꽃 속삭임 한창인데
산들거리는 가을바람에 타오를 듯 흔들리는 나무들
도란도란 얘기하던 꽃들도
하나둘 집으로 돌아가는 관음봉 정상에서
그녀 두 손 꼭 잡은 채 몸살 앓는 나를 보고
계룡산은 무슨 말을 하고플까?

나는 이대로 산이 되고 싶었다.

이명 교향곡

익어가고 깊어지라 했더니만
외고집에 눈멀고 귀먹은 사내

운명 교향곡 듣다 보면
귀 자른 고흐 떠오르고

가는귀, 먼 파도 소리에
이명의 풍경소리 겹치는데

퍼뜩,
잘 들어야 한다는 조바심에
다시 볼륨 높여보지만

아빠, 시끄러워요!

귀 밝은 큰딸 외침에
쥐 죽은 듯 소리 지운다

가는귀먹게 한 것은

작은 소리도 귀 기울이라는

세월의 가르침이리.

무명초*

굳이 찾지 않아도
저 혼자 피고 지고
오고 가고

아주 가끔은 꽃이란 말도 듣고

그러거나 말거나
걸림 없고 거침없어
머무는 곳마다 봄 열고

보거나 말거나
달빛 별빛 물들여 부치는
수신인 없는 편지

굳이 찾지 않아도
언제나 그 자리
절로 피고, 절로 지고.

* 무명초: 불가에서는 번뇌를 끊는다는 뜻으로 삭발 의미

산이 된 여자

세계 최초 8천 미터 3개 봉 연속 등정 성공
낭가파르바트봉 등정에 성공하며
히말라야 14좌 중 11좌에 올랐으나,
하산 도중 천 미터 벼랑 날아 산이 된 여자*

따뜻한 밥 한 그릇 해주지 못하고
두 손 잡아 주지 못한 회한일까
히말라야 낭가파르바트봉
우두커니 먼 하늘만 바라보고 있다

세상 슬픔 아는지 모르는지
산은 엄마 품 같다며
소녀처럼 수줍게 웃으며
인더스 갠지스강 발원지에서
열 번째 봉오리가 되어버린 여자

낭가파르바트 빙하 녹이고 있다.

* 대한민국 대표 여성 등반가 고미영 씨로 2009년 7월 11일, 낭가파르바트봉 하산하다 추락해 생 마감

금방이다

아버지가 꿈속으로 오셨다
바다를 건너자며
아버지는 주저 없이 바다로 향하는데
나는 깊은 바다 무서워 멈칫거렸다

앞서가시는 아버지
뒤따라가기만 하면 되는 거였는데
두려움에 꿈 깼다

내게 바다를 가르치시던
아버지 말씀 떠올랐다

잘해라,
금방이다.

첫눈 앞에서

첫눈 내리면
금세 녹아 물 된다는 것 알면서도
나는 그녀 안고 밤새 몸살 앓는다
세상 따스함 되어야 한다는 절박함으로
안아보지만 금세 눈물 되고
혼돈의 우주 사이로 첫눈 내리면
금세 녹아 물 된다는 것 알면서도
나는 또다시 그녀 안고 밤새 몸살 앓는다.

아침을 열며

고요한 새벽,

바람 가르는
트럭들의 묵직한 울림 듣고 있습니다

트럭은 어둠 가르며
군산 방향 21번 국도 따라 남녘으로 달려가는데

실린 짐만큼 아빠 무게 무겁지만
운전대 꽉 잡은 듬직한 아빠 운전사 아른거렸습니다

부르릉 장엄한 오케스트라 연주 소리
새벽 창가에 울려 퍼지고

어느덧 저 너머 닭 우는 날갯짓 들리는 걸 보니
머지않아 아침이 밝아 오려나 봅니다

쌔근쌔근 잠자던 하루가
빼꼼히 얼굴 내밀며 환히 웃고 있습니다

항상 아침만 같아라.

천사의 선물

이 펜으로 무엇을 쓸까?
마리아쥬 프레르 프랑스산 플렝퀸
먼 나라의 찻집에서
과일 은은한 홍차 향과 마주하는데
그녀는 천국 가는 길에 대해 말하며 웃고
나는 여기가 천국인데 또 어디 가냐며 웃는다
밥꽃 피는 마을에서
밥상에도 꽃 필 수 있다는 것 알게 됐고
오늘도 일용할 양식 주신 이를 위한
천사의 감사 기도 속
성경 한 구절 모락모락 피어난다

마음이 가난한 자는 복이 있나니
천국이 저희 것임이라.

백비염원 白碑念願

바흐의 소나타 듣다가, 문득
저 맑고 푸른 하늘
그이의 무던한 웃음꽃인 것만 같아
울컥, 애섧은 눈물 납니다
살아서 얻지 못함을 서러워함이 아니요
죽어서라도 무명 벗어 놓고자 함도 아니었습니다
타들어 가는 상흔으로 속살 문드러져도
조국 놓지 않았던 전우들처럼
그이는 말없이 푸른 군복 걸쳐 입고
터벅터벅 무덤 속으로 걸어갔습니다
동작동 국립묘지 제1장군묘역 168호
그이의 슬픈 용기 생각하다 보면
울컥, 눈물 한주먹 납니다.

괜찮은 술버릇

언제부턴가 거나하게 취하다 보면
설거지하는 요상한 술버릇 생겼다

그릇 닦다 보면
돌아가신 아버지 하모니카 소리 들리고
치매 걸린 노모 시끌벅적했을 일생 아른거리고
아내의 앳된 청춘 달그락달그락 아우성거리고
배냇짓 하던 두 딸 미소 피어나고
술도 절로 깨고

닦는 게 그릇만은 아니다.

보드카의 추억

어디로부터 오는 걸까, 이 뜨거움은

동토에서 전해온 외로움
그리움쯤은 참아내야 했기에
이글거리는 태양 술병에 담았으리라

하얀 설원에 우뚝 선 자작나무로 정제한 술
스피리터스 알콜 농도가 96.5도라는데
시베리아 삶 위로하기에 충분했을까

아픔 삭이고 세상 설움 녹여야 하는
내 시의 온도는 몇 도인가

술잔에 어린 너의 뜨거운 눈물
오늘 나는 단숨에 마시나니

'자 드루지브 도 드나*'

붉게 타오르던 그날의 언어

어줍은 시 한 편으로 되돌아오고

여전히 술병 안에는
무념무상에 든 바다가 뜨겁게 일렁이고 있다.

* 자 드루지부 도 드나 : 러시아어로 우정을 위하여 잔을 비워라의 뜻

파리의 기도

밥상머리 앉아 두 손 싹싹 빌고 있습니다

내 강아지들 데리고 젖동냥 왔는데
찌꺼기 한 톨이라도 남겨달라고

파리채 들어 잡으려는데
물끄러미 바라보는데

순간 병상에 홀로 누워 계신 엄마 떠올랐습니다
젠장,

제4부
혜윰

「유채꽃길」

호접춘몽

꽃망울 움트는데

그냥저냥
냉이나 캐 광주리에 담고 있다

흙에서 나
흙으로 돌아간다는 데

그 남자 뒤따라간
노루귀 닮은 여자 안부 묻는다

그냥저냥
봄 언저리 맴돌며

남녘에서 들려오는
홍매화 소식이나 전해본다.

복날의 단상

전생에 아마 난 개였나 보다
복날이 오면
멍멍한 나란 존재 되묻곤 한다
오뉴월 복날이 오면
정갈한 시심으로 목욕재계하고
소신공양 천국 나래 꿈꾸는데
삼계 택한 나의 원고지 위에는
세상 보신 되고 싶은 견공 한 마리가
끙끙거리며 서사시 한편 우려내고 있다
복날이 오면
펄펄 끓는 가마솥에 뛰어들어도 좋을
그런 미친놈의 사랑 하나쯤 남기고 싶고
제대로 된 시 한 줄이라도 쓰고 싶기에
꼬리 살랑대며 짖어대며 살고 있는 것이다
전생에 아마 난 개였나 보다.

첫사랑

산수유꽃 매화꽃 만발한 날
그대 만나고 싶구나
꽃잎 하나둘 떨어질 때마다
설움에 잠도 잘 수 없는데
그래도 백 년은 더 기다려야 하겠지
자목련, 꽃 같은 그녀
백 년만 기다리라 하기에
하루 이틀 사흘
백 년을 손꼽아 기다릴 수밖에.

더존 세차장의 가을

두계천 노닐던 새 한 마리
천변 옆 세차장 자주 들락거린다

새 한 마리 찾아와
부리며 발톱까지 가다듬더니

깃털 곧추세운 채
나래 펄럭이며 천변길 걷고 있다

청명한 햇살 담아
어디라도 떠나가고픈 날

총총거리며 뒤따라가
훨훨 날아보는데

이곳에 오면
차도
새도
사람도
하늘도 눈부시다.

불수의근*

내 몸 안에는 낯선 이가 살고 있다
평생 잠자지 않으며 억만 번쯤 박동한다
우직한 소 닮아 한평생 일만 해서
단풍과 꽃과 나비 볼 수 없지만
가슴 물들이고 심장 뛰게 한다
내 안에 또 다른 나
평생 어둠과 벗하면서도
쉼 없는 사랑
끊임없는 용기와 희망 준다

다시
가슴이 뛴다.

* 불수의근不隨意筋 : 의지와 관계없이 자율적으로 움직이는 근육

바람꽃

바람이 꽃 피운다는 건
우주 한가운데서 너 만나는 일

벼랑 위에 핀 절분초
마주 잡은 손 놓을 수 없는 건
절박한 우연

너는 꽃, 나는 바람
흔들리며 필 수밖에 없는 변산바람꽃말은
덧없는 사랑

덕유, 설악, 한라에 핀다는 세바람꽃
시절 인연 기다리는데
천년만년 피는 것도 아니고

하루가 천년 같은 요즘

세상 날고 싶은 소망 하나
덩그마니 외롭다.

무명용사의 비

천국보다 살아있는 지옥이
외려 행복하다는 것을 아는 사람은 안다
그리 좋은 삶을 버려서라도 지키고 싶었던 내 조국
그 품 안에는 날 낳으신 부모님과 정든 벗
그리운 소녀가 있기 때문이라는 것도
아는 사람은 다 안다
물론 한평생을 천국처럼 살다가
명당자리에 누워있는 사람들은 모를 수도 있겠지만
신에게 묻는다 역사에게 묻는다
대한민국 제일 높은 자리는 누구의 자리여야 하는가?

면회

수인번호 1980번,
파란 명찰 달고 그는 우두커니 있었습니다
흔들리지 말자던 그 약속 되새기며
누가 죄인인지 알 수 없는 우리는 만나고
교도관은 감시합니다
아름다운 내 조국 사랑한 죄,
집시법 위반으로 죄인이 된 그와
삶에 겨워 아무것도 할 수 없었던 나
우리는 그렇게 허공만 바라보고 있었는데
교도관도 멍하니 고요만 바라보고 있었습니다
감옥에 있어도 바람은 가둘 수 없다는 외침
방관 일깨우는 임 향한 행진곡
누가 죄인인지 알 수 없는 세상
나는 감옥 속으로 걸어가고
그는 창살 뚫은 햇살 되어
세상 밖으로
터벅터벅 걸어 나왔으면 좋겠습니다.

세월의 간극

가끔은 맑은 봄바람 스쳐 지나가고
아주 가끔은 천둥 번개도 지나가요
서먹서먹했다가도
언제 그랬냐는 듯 헤벌쭉 미소 짓고
어느새 허허로운 틈새 비집고 와서는
알 듯 모를 듯한 눈맞춤 시도하는 사이
한때는 좋아 죽겠다며 두 손 꼭 잡고
붙어살았는데요
지금은 바다 같은 틈새라서요
과학적인 잣대로는 도무지 잴 수 없는 간극
시도 때도 없이 휘파람, 꽃바람 들락거리는
그렇고 그런 사이라네요.

미란꽃

설강화 바이올렛 수선화 데이지 라일락 장미
물망초 글라디올러스 달리아 소국 베고니아 동백

호랑가시나무꽃

내가 아는 이리 고운 꽃들보다
백배 천배 만 배
더 이쁜,
더 향기로운,

그녀.

바다에게 길을 묻다

산다는 것은
사랑한다는 것은

어쩌면
망망대해에서
바다로
풍덩
뛰어드는 것이리라

외롭지만

육지와 멀어질수록
깊어만 가는

바다의 푸르름
닮아가는 것이리라

바다 같던 아버지의 길
뒤따라가는 것이리라.

수산리 촌놈 촌가시나들을 위한 연가
— 수산초등학교 졸업 40주년에 부쳐

 역굴 안역굴 송절 소당건네 쇠족고리 양동이 가사매 신기뜸 우포 수예 김제촌 지러벌 촌놈 촌가시나들 마주 앉아 이야기 꽃 피운다

 40년 만에 만난 역굴 철세가 나를 보더니 아가씨인 줄 알았다나? 히힝 좋다며 신기뜸 영자가 연신 좋아라 입이 째진다 코흘리개 영자는 신랑 잘 만난 덕에 얼굴까지 뜯어고쳤다며 신나게 웃어제끼고, 꼬마대장 동길이는 책상에 금긋던 영희와의 사이 떠들며, 자글자글 익어가는 추억 안주삼아 40년 전 속으로 걸어가고 있었다 검정고무신 신고 보리밭에서 숨바꼭질하던 보리보다 조그맣던 촌놈 촌가시나들이 까그매산이며 만경강에서 개구쟁이 짓하던 추억 떠올리며 웃고 떠드는데 어느새 눈가엔 세월 흔적 반짝거린다 울 친구들 지금처럼 한 명도 죽지 말고 백 세까지 팔팔하게 살자며 신기뜸 기모 넉살 이어지고 늙어도 좋고 주름 자글자글해도 좋다며 언제나 소년소녀처럼 만나자는 역굴 미경이와 가사메 영희 가시나가 얼씨구나 좋다며 건배를 권한다

〉

　만경강변 별빛 달빛 안주 삼아 밤새워도 좋을 수산리의 가을밤이 깊어만 간다.

술의 시학

투명한 것은 취하게 한다

비우고 또 비운 자리
그 여백에 홀로 앉아

시는 술 따르고
술은 또 시 쓰고

달빛 별빛 안주 삼아
투명의 시심 비우다 보면

빈 잔 가득 채워지는
술과 시의 협주곡

나는 빈 잔이다.

기우杞憂

에포케,
너는 행복의 부표라
언젠가는 태양이 식고
지구가 자전 멈춘다면
우리는 블랙홀로 들어가
창조와 윤회 선택하는 거지
연기의 끄트머리에 서서
언젠가 사라질지도 모를
세상 위한 기도
지금, 이 순간이 열락이고 천국이라
에포케,
너는 물음에 응답할 책임 다했으면서도
종국에는 세상 행복해야 할 이유 전하는
과학적 부표
만물이 행복해지라는
종교의 철학적 연민이라.

풍등

두둥실
꽃등 밝히고

앞서거니 뒤서거니
발돋움하는
꽃들의 순례길

하늘 뛰노는
해맑은 나툼 앞에

차마 놓지 못한 손
놓아 버렸네.

잡념

겨울밤 불면의 사색은 존재에 대한 성찰에서 비롯되고
별이 되고자 했던 고흐의 빛나는 고독과
하나님이 아담 창조하며 손 마주 잡지 않은 이유
미켈란젤로의 천지창조 떠올리다가
문득 우크라이나 러시아 전쟁에
자원한 종군작가 서터 너머,
혼돈의 전쟁 속 존재의 외로움 생각하기도 하고
에베레스트 정상에서 만난 만년설 속 바다의 흔적들과
북태평양 마리아나 해구 끄트머리 비티아즈 해연,
바다의 심연으로 들어가기도 한다
고요 속 공호(空胡)의 자리에 앉아
덧없는 불면 일깨우는 얄미운 너란 존재 생각하다 보면
생의 이면 유쾌하게 해주는 전생 개그맨의 운명
꿈결 같고 이슬방울 같은 삶 너머
또 다른 삶 피어난다.

자지 왜 나왔어요

어스름한 새벽,
까막눈 끔뻑이며 향적산 오르는데
잠이나 자지
새벽부터 웬 난리냐며
딱따구리 딱딱거린다

나는 어디로 가는가?

미몽 헤치며
국조선원 지나는데 옆길에 별들의 비문

유아천리천산격有我千里千山隔
무아만리만리천無我萬里萬里天*
나를 고집하면 천리천산에 갇히고,
나를 내려놓으니 만리창공에 오르네

공空, 무無, 도道, 하下, 가可**

어찌어찌 국사봉 정상에 올라서니
서녘 하늘엔 여전히 보름달 심박하다

동녘 하늘 붉게 물들면
다시 내려가야 하는데.

* 향적산방 정관 송철화 선생 비문 문구
** 공무도하가(公無渡河歌)의 변형

시의 무게

시의 입 가벼우면
시가 아니에요

아내의 일침에
짐짓 무거운 척

내 시,
디케의 저울 위에
올려 보았는데요

환관 없는
내시의 무게쯤에서

균형의 중심 추
흔들어대더군요

아내는
고개 숙인 자기 남자
품격 있게 배려한 거였지요.

| 해설 |

비밀의 취향과 삶의 아포리즘
― 전철세 시인의 시집 『고요의 수다』의 시 세계

박주용 시인

1

산은 오를수록 제 모습을 묶어내고, 물은 내릴수록 제 모습을 풀어낸다. 우리가 한눈파는 그 찰나의 순간에도 강물은 여지없이 흘러 제 하얀 속살을 이야기로 풀어낸다. 물줄기와 더불어 살아온 사람들도 강과 함께 흘러 굽이를 이루고 마침내 바다에 이르러서야 그 깊은 사연을 모두 풀어낸다.

전철세 시인이 태어난 전라북도 군산시 옥구읍 수산리는 사방으로 넓은 들이 펼쳐져 있고, 남쪽으로 만경강 하구와 접해 있다.

시인은 물줄기가 풀어놓은 기억의 편린을 그의 뚝심과 특유의 시선으로 투망질하고 요리하여 우리 앞에 잘 차려내고 있다. 부르튼 감각으로 써놓은 투박한 시편들에 숟가락만 얹기가 좀 미안하기도 하지만 소박하게 잘 차려낸 성의에 감사하며 맛깔스러운 시편을 음미해 본다.

시인은 그야말로 바다가 보이는 깡촌에서 태어나 어린 시절을 보냈기에 시시각각으로 변하는 사계절의 빛과 색을 오롯이 느낄 수 있었다. 더욱이 갈대와 구름 빛을 사시사철 담아내고 있는 만경강 둑길을 걸으며 스스로를 물에 비춰보기도 했을 것이다. 그곳에서 보고, 들은 자연의 풍광과 소리는 훗날 시인의 감성을 깨워 시로 승화시키는데 커다란 몫을 했을 것이다.

지금도 시인은 바쁜 기자 생활을 하면서도 시간 날 때마다 고향 군산을 찾곤 한다. 이번 첫 시집을 꽃등, 다솜, 윤슬, 혜윰으로 편집한 것도 이와 무관하지 않다는 생각이 든다. 나이 든 지금에도 애틋한 심사가 숨겨진 고향의 반짝이는 잔물결 속에서 꽃등처럼 환하게 추억의 비늘을 벗기고 있는 시인을 발견할 수 있다.

2

자크 데리다(Jacques Derrida)는 그의 저서 『비밀의 취향』이라는 책에서 "우정에는 확고하고 필연적인 토대가 없다는 진리를 뻔히 알지라도 발설하지 않는 것이 우정의 윤리다."라고 말하면서 "솔직함에는 '비밀의 취향'으로서의 우정과 본질적으로 대척하는 면이 있다."라고 하였다.

역굴 안역굴 송절 소당건네 쇠족고리 양동이 가사매 신기뜸 우포 수예 김제촌 지러벌 촌놈 촌가시나들 마주 앉아 이야기 꽃 피운다

40년 만에 만난 역굴 철세가 나를 보더니 아가씨인 줄 알았다나? 히힝 좋다며 신기뜸 영자가 연신 좋아라 입이 째진다 코 흘리개 영자는 신랑 잘 만난 덕에 얼굴까지 뜯어고쳤다며 신나게 웃어제끼고, 꼬마대장 동길이는 책상에 금긋던 영희와의 사이 떠들며, 자글자글 익어가는 추억 안주 삼아 40년 전 속으로 걸어가고 있었다 검정고무신 신고 보리밭에서 숨바꼭질하던 보리보다 조그맣던 촌놈 촌가시나들이 까그매산이며 만경강에서 개구쟁이 짓하던 추억 떠올리며 웃고 떠드는데 어느새 눈가엔 세월 흔적 반짝거린다 울 친구들 지금처럼 한 명도 죽지 말고 백 세까지 팔팔하게 살자며 신기뜸 기모 넉살 이어지고 늙어도 좋고 주름 자글자글해도 좋다며 언제나 소년소녀처럼 만나자는 역굴 미경이와 가사메 영희 가시나가 얼씨구나 좋다며 건배를 권한다

만경강변 별빛 달빛 안주 삼아 밤새워도 좋을 수산리의 가을밤이 깊어만 간다.
— 「수산리 촌놈 촌가시나들을 위한 연가」(전문)

전철세 시인의 시적 취향은 독특하다. 시인은 기억 저편에

숨겨진 편린들을 자맥질하여 웅숭깊은 서정과 서사를 끄집어 낸다. 이러한 행위는 소박하고 안쓰러운 비밀을 건져 올려 독자들과 공유하고 싶은 소망이 내재 되어 있다. 아니 시적 대상이 된 어릴 적 촌놈과 촌가시내를 떠올리며 그들과 나누었던 밀어들을 은밀히 읊조리고 싶은 것이다. 시집의 제목처럼 고요 속의 수다를 다시 한번 꿈꾸는 것이다.

> 잠 못 이룬 밤
> 텅 빈 고독 일깨워
>
> 덩그마니
> 고요와 수다 떠노라니
>
> 새근새근 졸고 있는 별들 속
> 반짝이는 너란 존재
>
> 입 열면 곧 무지無知라지만
> 그래도 무지 하고픈 말 많다
>
> 너에게만
> 속삭이고픈 말이다.
> ―「고요의 수다 · 1」(전문)

"너에게만/ 속삭이고픈"이라는 말속에는 자크 데리다의 말처럼 우정과 본질적으로 대척하는 면이 있다. 그러기에 그것은 두근거리는 비밀이고 애틋한 심사이다. 하지만 화자의 이러한 발설은 이미 드러난 것들이기에 비밀이라고 하기에는 어쭙잖다. 순박하다고 해야 할까? 능청스럽다고 해야 할까? 사랑에 대한 독특한 취향이 아닐 수 없다.

> 멀대처럼
> 키만 훌쩍 컸던
> 그 꺽다리 가시나
>
> 풋풋한 보리 내음 나던
> 그 촌가시나
>
> 어느샌가
> 연분홍 꽃 되어
> 오뉴월 문지방 넘나들고 있다
>
> 붉게 타오르는 그리움
> 하얀 속곳에 감추고서
>
> 멀대같은
> 그 가시나
>
> 꽃 되어 웃고 있다.
> ―「접시꽃」(전문)

쉘 실버스타인(Shel Silverstein)의 『어디로 갔을까 나의 한

쪽은』이라는 우화는 이 빠진 동그라미가 잃어버린 자신의 한쪽을 찾아가는 과정에서 깨닫게 되는 진리를 소박하면서도 감동적으로 그려내고 있다. 모든 인간적인 성취와 추구의 본질을 자상하게 파헤친 아름다운 이야기이다.

전철세 시인의 「접시꽃」 또한 "멀대처럼/ 키만 훌쩍 컸던/ 그 꺽다리 가시나"가 "붉게 타오르는 그리움/ 하얀 속곳에 감추고서"라고 표현하고 있지만 실상은 화자의 내면에는 "그 가시나"가 오뉴월만 되면 문지방 넘나들고 "꽃 되어 웃고 있"는 그리운 존재인 것이다.

새벽길 걷다 보면
밤하늘에 피어나는 무수한 별들의 수다

못다 한 말
고맙고 미안했을 사연들
잠들지 못한 채 반짝거리고

꿈속에라도 너를 만나
밤새 조잘대고픈 맘 일렁이는데

어느새
밤낮 경계 스러지고
찬연히 흩어지는 무명無明

다시 세상은 수다롭고

별들은 고요하다.

—「고요의 수다·2」(전문)

　가스똥 바슐라르(Gaston Bachelard)는 『공간의 시학』에서 "우리들이 고독을 괴로워하고 고독을 즐기고 고독을 바라고 고독을 위태롭게 했던 공간들은 우리들 내부에서 지워지지 않는 법이다. 우리들의 존재가 그것들을 지우고 싶어 하지 않는다. 우리들의 존재는 본능적으로 그의 고독의 그 공간들이 본질적이라는 것을 안다."고 하였다.

　시적 화자는 무얼 하느라 밤낮 경계 스러지는 무명의 시간까지 잠들지 못하는 것일까? 고독한 밤 홀로 별을 바라보며 별들이 보내오는 수다를 듣는 것일까? 별들의 수다는 다름 아닌 화자가 시적 대상에게 지금까지 내뱉지 못한 고맙고, 미안한 말인 것이다. 시적 화자는 본능적으로 그것들을 마음속에서 지우고 싶지 않은 것이다. 그 시적 대상은 "노란 단풍 옷 입고 까치발로 서 있는 여자"「은행나무」이기도 하고, "남몰래 눈물 훔치는", "여우 가시나"「여우비」이기도 하다.

　　첫눈 내리면
　　금세 녹아 물 된다는 것 알면서도
　　나는 그녀 안고 밤새 몸살 앓는다
　　세상 따스함 되어야 한다는 절박함으로
　　너 안아보지만 금세 눈물 되고
　　혼돈의 우주 사이로 첫눈 내리면

금세 녹아 물 된다는 것 알면서도
나는 또다시 그녀 안고 밤새 몸살 앓는다.
― 「첫눈 앞에서」(전문)

시인의 사랑은 애틋하다. "금세 녹아 물 된다는 것 알면서도", "그녀 안고 밤새 몸살 앓"아야 하는 사랑이고, "세상 따스함 되어야 한다는 절박함으로", "안아보지만 금세 눈물 되"는 사랑이다.

산수유꽃 매화꽃 만발한 날
그대 만나고 싶구나
꽃잎 하나둘 떨어질 때마다
설움에 잠도 잘 수 없는데
그래도 백 년은 더 기다려야 하겠지
자목련, 꽃 같은 그녀
백 년만 기다리라 하기에
하루 이틀 사흘
백 년을 손꼽아 기다릴 수밖에.
― 「첫사랑」(전문)

시도 열정이고, 공부도 열정이고, 사랑도 열정이다. 열정은 불이며, 불꽃이고, 기적을 연출해내는 원동력이다. 인간은 한없이 약하지만 열정은 더없이 강하다. 열정은 자기 자신의 목숨을 걸고 자기가 그토록 하고 싶고 좋아하는 일에 몰두하게 한다. 열정의 순수함과 황홀함과 힘을 이해하고 그 삶을 살다

간 사람은 세상에서 가장 아름답고 행복한 사람이라고 할 수가 있다.

전철세 시인은 열정이 대단한 사람이다. 더욱이 사랑에 대한 열정은 남다르다. "자목련, 꽃 같은 그녀"가 "백 년만 기다리라 하기에", "백 년을 손꼽아 기다리"는 우직한 사랑꾼이기도 하다.

　　지구 한 모퉁이 어딘가에서
　　애타게 나만을 기다리고 있을 것 같은
　　첫사랑 미란이에 대한 유쾌한 이끌림 때문일까
　　아직도 나는 가지 않고 잘도 버티고 있다
　　　　　　　　　　　　　　ー「지천명에 즈음하여」(부분)

지천명이 된 나이에도 잘 버티고 있는 이유는 "지구 한 모퉁이 어딘가에서", "애타게 나만을 기다리고 있을 것 같은", "첫사랑 미란이"가 있기 때문이라고 한다.

　　설강화 바이올렛 수선화 데이지 라일락 장미
　　물망초 글라디올러스 달리아 소국 베고니아 동백

　　호랑가시나무꽃

　　내가 아는 이리 고운 꽃들보다
　　백배 천배 만 배
　　더 이쁜,

더 향기로운,

그녀.

― 「미란꽃」(전문)

시적 화자가 지금까지 마음 깊은 곳에 간직해온 사랑의 실체가 시 「미란꽃」에서 환하게 등장한다. "내가 아는 이리 고운 꽃들보다/ 백배 천배 만 배/ 더 이쁜,/ 더 향기로운," 존재가 바로 미란이라는 것이다. 시편들을 통해 이제야 고백하는 첫사랑에 대한 심사를 비밀의 취향이라고 명명해도 좋을 듯하다.

3

아포리즘(aphorism)이란 경구警句나 격언格言, 금언이나 잠언箴言 등을 일컫는 말이다. 인생의 깊은 체험과 깨달음을 통해 얻은 진리를 간결하고 압축적으로 기록한 명상물로 가장 짧은 말로 가장 긴 문장의 설교를 대신하는 것이라고 할 수 있다. 주로 일반적으로는 생각할 수 없는 기발한 생각이나 기지를 짧은 글로 나타냄으로써 어떠한 원리나 인생의 교훈을 간결하게 표현하는 것이다.

전철세 시인의 시편 여러 곳에서 보이는 아포리즘적 구절은 시를 읽는 독자에게도 깊은 울림을 줄 것이라고 확신한다. 이는 시인이 지금까지 살아온 삶의 방식과 태도와 무관하지 않다. 시인은 "한 편의 시를 쓰고 그림을 그리는 것은／ 어쩌면 또 하나의 여백과 빈 화폭이 되는 일"「아틀리에를 위한 시」이라고 하여 시를 쓰는 일에 대한 자신의 방식을 피력하고 있다. 더욱이 자연을 대하는 시인의 따뜻한 시선과 애정 또한 여러 곳에 나타나고 있다.

> 길모퉁이 덩굴장미 몰래 꺾어 온 나를 보며,
> 지는 꽃은 다시 필 수 있지만,
> 꺾은 꽃은 다시 피기 어려우니
> 꽃 함부로 꺾지 말라던 그녀
> 새침한 당부 피어나는 하지의 초후初候입니다
> ―「꽃들아 고마워」(부분)

어느 인생인들 굴곡 없는 삶이 있겠냐마는 전철세 시인 또한 녹록지 않은 서사가 있었음을 시집을 읽으며 알 수 있었다. 이를 바탕으로 체득한 삶의 자세와 대상을 바라보는 시선은 자연과의 교감을 통해 연민의 정으로 나타나기도 하고, 자아성찰에 대한 구도자적 아포리즘으로 나타나기도 한다. 다음 시 또한 그러한 요소가 잘 드러나고 있다.

> 돌아갈 곳 머물 집마저 버렸으니
> 되돌아볼 일 없는 거고
> 어디라도 걸림 없이 자유롭게
> 유유자적 흘러가다 사라져도 좋다는 결기다
> 〉

    처음엔 솜사탕처럼 가벼웠을 구름이
    수천 마리 선한 양과 백마 몰고 오고
    푸른 하늘 유영하는 인어와 고래 떼들
    지옥과 천국에 갇힌 예수와 부처
    거침없이 수놓기도, 사라지게도 한다

    삶이란 한 조각 구름이라고
    살아있는 순간들이 한 폭 그림이라며
    추억 묻은 일기장 두둥실 펼쳐 보인다.
                              —「구름과 나」(전문)

  시인은 가을 벤치에 앉아 떨어지는 잎새를 보며 "한평생이라야/ 마음 내어주고/ 위로하고 배웅하는 일이 전부"라며 인생에 대한 소회所懷를 담담한 어조로 드러내기도 한다.

    한평생이라야
    썩어 문드러질 때까지 마음 내어주고
    잠시 쉬었다 가는 이들 위로하고 배웅하는 일이 전부
    늦가을 벤치에 앉아 폐품 수집소에서 본,
    낡은 의자 등에 붙은 오천 원짜리 스티커 떠올렸다
    이런저런 존재들의 값어치 셈해 보는 오늘
    바람도 없는데 잎새 한 잎 떨어진다
    물끄러미 나와 나란히 놓고 보는데,
    삶의 무게 감당하느라 수고했을 이들 추모하는 듯
    까마귀 운다
    내려가야겠다.
                        —「가을 벤치에 앉아」(전문)

벼는 익어갈수록 고개 숙이듯, 시인도 나이가 들면서 점점 깊어지리라 다짐했건만 오히려 외고집에 눈멀고 귀먹은 사내가 되었다. 귀 밝은 큰딸 외침에도 쥐 죽은 듯 소리를 지워야 하는 가장 아닌 가장이 되었다. 가는귀먹게 한 것도 다 뜻하는 바가 있을 것이라는 세월의 가르침을 「이명 교향곡」을 통해 잘 보여주고 있다.

> 익어가고 깊어지라 했더니만
> 외고집에 눈멀고 귀먹은 사내
>
> (중략)
>
> 가는귀먹게 한 것은
> 작은 소리도 귀 기울이라는
> 세월의 가르침이리.
> ―「이명 교향곡」(부분)

이 외에도 숙명처럼 삶을 받아들이겠다는 달관의 자세가 엿보이는 작품도 여럿 보인다. 이제 시인은 허망한 삶에 매달려 세차게 달려온 자신의 모습을 반추하며 살고 싶은 것이다. 먼 나라의 찻집에 앉아 여자와 천국 가는 길에 대해 이야기 나누며 자신이 지금까지 살아온 삶에 대한 성찰과 아울러 "마음이 가난한 자는 복이 있"을 것이라는 깨달음을 얻게 되는 것이다. 자신의 시 세계 안에서 천국을 건설하고 싶어 하고 천사를 만나고 싶어 한다.

이 펜으로 무엇을 쓸까?
마리아쥬 프레르 프랑스산 플렝퀸
먼 나라의 찻집에서
과일 은은한 홍차 향과 마주하는데
그녀는 천국 가는 길에 대해 말하며 웃고
나는 여기가 천국인데 또 어디 가냐며 웃는다
밥꽃 피는 마을에서
밥상에도 꽃 필 수 있다는 것 알게 됐고
오늘도 일용할 양식 주신 이를 위한
천사의 감사 기도 속
성경 한 구절 모락모락 피어난다

마음이 가난한 자는 복이 있나니
천국이 저희 것임이라.
―「천사의 선물」(전문)

 이러한 깨달음은 일상의 삶에서도 경험하게 되는데, 다름 아닌 "설거지하는 요상한 술버릇"을 통해서도 나타난다. 술에 취하면 조현병 환자처럼 환청이 들리고 환상이 보이는 것이다. 이 환청과 환상은 아버지와 어머니, 아내와 딸과 관련된 것으로 가장 인상 깊었던 시절을 떠올리는 것인데 이를 통해 마음을 다잡는 계기가 되기도 한다. "닦는 게 그릇만은 아니"라는 표현을 통해 스스로 얼마나 절제해왔는지를 알 수 있다. 이렇듯 전철세 시인은 과장된 수사나 거친 목청을 드러내지 않으면서도 절박한 삶을 재현해낸다. 삶에 대한 끝 없는 응시와 통찰을 보여주는 그를 깊이의 시인이라고 불러도 좋겠다.

언제부턴가 거나하게 취하다 보면
설거지하는 요상한 술버릇 생겼다

그릇 닦다 보면
돌아가신 아버지 하모니카 소리 들리고
치매 걸린 노모 시끌벅적했을 일생 아른거리고
아내의 앳된 청춘 달그락달그락 아우성거리고
배냇짓 하던 두 딸 미소 피어나고
술도 절로 깨고

닦는 게 그릇만은 아니다.
—「괜찮은 술버릇」(전문)

 전철세 시인은 삶에 대해 지칠 줄 모르는 탐구 정신이 골수에 박힌 천성 시인이다. 그의 시선을 거치면 어떤 밋밋한 풍경이나 하찮은 사물도 유의미한 삶의 징표가 된다. 그의 시는 다양한 진폭으로 펼쳐지기보다는 일정한 주제를 두고 반복적으로 심화되는 양상을 보인다. 어머니와 아버지의 이미지를 지속적으로 반복하면서 자기 삶의 방식과 지혜를 온순하게 보여준다. 인간 존재와 삶에 대한 정직한 응시가 삶의 본질을 투시할 수 있는 힘을 지니고 있음을 보여준다. 앞으로도 "산다는 것", "사랑한다는 것"에 대한 아포리즘을 끊임없이 고민할 것이라고 생각한다.

산다는 것은
사랑한다는 것은

어쩌면
망망대해에서
바다로
풍덩
뛰어드는 것이리라

외롭지만

육지와 멀어질수록
깊어만 가는

바다의 푸르름
닮아가는 것이리라

바다 같던 아버지의 길
뒤따라가는 것이리라.
―「바다에게 길을 묻다」(전문)

4

  서정시의 주된 정서는 그리움이다. 그리움은 인간의 가장 원초적이고 본질적인 감성이라 할 수 있다. 외로움, 사랑, 미움 등의 감성도 따져보면 그리움에서 파생된 것이라 할 수 있겠다. 전철세 시인의 시편에서도 이 그리움은 중요한 시적 소재이다.

그리움과 관련된 시인의 시편에는 대부분 어머니와 아버지가 등장한다. 그의 시에 자주 등장하는 두 분은 순간순간이 고통스러운 일상의 선택이며 낯선 길을 가는 나그네같이 불안을 동반하는 여정을 사신 분들이다. 때로는 행복과 기쁨의 순간이 없지 않으나 근원적으로 연민스러운 것이며, 삶의 근간에는 언제나 슬픔과 고독이 자리하고 있었다는 것을 떨치지 못하고 있다.

> 우러나야 맛나지
> 으깨지고 부서져도
> 부글부글 속 끓더라도
> 우려지면 우려지는 대로
> 몇 년이고 기다려야 한당께
> 아니면, 한 백 년 기다리며
> 영원히 속이나 삭이며 살든지 말든지
>
> 오늘도 나는
> 햇살 좋은 장독대 구석탱이 앉아
> 숨죽여 묵상하며
> 엄니의 툽툽한 손길 기다리고 있다.
>
> ―「된장」(전문)

시인이 그려낸 어머니의 시간에는 늘 가난과 절망이 존재한다. 돌아가신 지 몇 년이 지났지만 아직도 어머니는 가난과 뗄 수 없는 고리로 가슴 저편에 남아 된장처럼 "으깨지고 부서지"며, "부글부글 속 끓"는 존재로 기억된다. 어머니의 된장 냄새를 따라 시집을 읽어가다 보면 "오늘도/ 햇살 좋은 장독대 구석탱이 앉아", "어머니의 툽툽한 손길 기다리고 있"는 시인을 만날 수 있다. "영원히 속이나 삭이며 살든지 말든지" 투정을 부려보지만 우리도 어느새 시인의 어머니와 마찬가지로 아등바등 살고 있음을 발견하게 된다. 그제야 그리움 저편의 구석에서 우리는 시적 화자처럼 선홍빛 눈시울을 적시는 것이다. 다음 시도 "스무 살 꽃다운 나이에" 시집와 자신을 내려놓고 희생하며 살아온 어머니에 대한 안타까운 심정과 치매를 앓고 있는 노모에 대한 연민의 정이 잘 드러나고 있다.

치매 걸린 노모
새벽 세 시에 나를 흔들어 깨운다
네 아버지 어디 가셨냐
이렇게 추운 데 왜 여태 안 오신다냐

밤하늘 쳐다봤다
문득 올 첫눈 소식 궁금하고
이왕이면 펑펑 내렸으면 싶었다
아버지 닮은 함박눈 내린다면
노모의 손 잡고
집 마당과 장독대로 가는 길과
만경강으로 이어지는 동네 앞길도 쓸고 싶다

스무 살 꽃다운 나이에
수십 리 밖 개정면에서
꽃가마 타고 역굴로 시집온 송호리 댁과
눈사람도 만들고 눈싸움도 해볼 요량이다

첫눈처럼 아버지가 그리운 날이다.
―「안부」(전문)

  마음은 저릿한 경험 속에서 잎이 돋고 꽃이 핀다. 시인에게 이 저릿한 잎과 꽃은 시 창작의 단초端初가 된다. 부모님의 저릿한 사랑을 경험하였기에 우리는 그분들과 동질감을 느끼는 것이다. 사랑은 자타와의 동질성의 발견이며, 분리된 관계를 합일로 이끌어가는 행위이다. 시인에게서 분리된 관계가 깨어지는 것은 어떤 의미에서 공포가 되기에 다른 형태의 합일을 이루지 않으면 안 된다. 그것이 곧 시인이 시를 창작하는 이유가 아닌가 싶다. 꽃은 다름 아닌 어머니이고, 부르튼 입술 너머에서 풍겨 오는 꽃향기를 통해 타자와의 합일을 이루어 낸다. 시를 통해 "잘 살아라"라는 꽃의 유언은 다름 아닌 어머니의 유언인 것이다.

잘 살아라

나는 괜찮다

들릴 듯 말 듯

꿈꾸는 엄마의 기도

부르튼 입술 너머로

꽃향기 피어난다.
―「꽃의 유언·1」(전문)

전철세 시인에게 있어 어머니는 시간을 넘나들며 기억되는 존재이다. 그 기억은 언제나 보랏빛이기에 우울하고 가슴 저리다. 시인은 어머니와 눈을 맞추며 천 번이나 약속한다. 시인이 가장 두려운 것은 치매에 걸린 어머니가 자신을 잊는 것이다. 남편을 일찍 여읜 한 집안의 가장으로서 세파를 헤쳐온 삶의 내력 앞에 눈시울이 붉어지는 것이다. 시인은 자신이 "여전히 엄마 눈 속에는/ 도리질하는 내 강아지"로 기억될 것이라고 확신하고 있다.

천 번쯤은 더 눈 맞춰야
치매 걸린 엄마는 나 기억할까
여기저기 꽃소식 지천인데
눈 돌릴 틈 없는 것은
눈 밖에 날까, 잊혀질까
두렵기 때문이다

엄마의 휑한 눈을 보면
이 세상 진 빚과 갚아야 할 것들과
아버지 뒷모습 자꾸만 떠올라
차마 내려놓을 수 없는 거다

〉
여전히 엄마 눈 속에는
도리질하는 내 강아지 뛰놀고 있다.
― 「천 번의 약속」(전문)

여느 아버지와 마찬가지로 시인의 아버지도 "세상 티끌 쓸어 안으며/ 범람하는 새벽, 빗줄기 뚫고" 뚜벅뚜벅 사셨던 분이다. 언제나 식구를 위해 농사일하며 잿빛 얼굴로 평생을 들판에서 서성였을 것이다. 시인은 그런 아버지와의 조우遭遇를 위해 두근거리는 마음으로 들판에 서게 되고, 그럴 때마다 어릴 적 그랬던 것처럼 아버지는 늘 "니 엄마 잘 모셔라"라며 마지막 당부의 말씀을 보내주시는 것이다. 시인에게는 그게 늘 장대비로 내린다. 지금도 시인이 고향을 자주 찾는 이유가 아닌가 생각한다. 하지만 시인은 아버지의 마지막 당부를 실행하지 못한 죄책감에 "철부지 사내가 쏟아내는 한줄기"로 눈물짓는 것이다.

수국 사이 우두커니 걸어가는 장대비는
벼락 치는 새벽 물꼬 트러 가시던 아버지의 뒷모습

세상 티끌 쓸어 안으며
터벅터벅 강물 속으로 걸어가는 장맛비는
범람하는 새벽, 빗줄기 뚫고
총총히 집 나서던 아버지의 발걸음
〉

방죽배미 사이로 너른 바다 일렁이고
　　금방이다, 니 엄마 잘 모셔라
　　마지막 당부 귓전 울린다

　　뚜벅뚜벅 내리는 장대비는
　　세상 곤한 잠 일깨우는 불호령이거나
　　철부지 사내가 쏟아내는 한줄기 눈물이거나

　　가을 들녘에서 부르는 아버지의 노래이거나.
　　　　　　　　　　　　　　　―「아버지의 노래」(전문)

　이와 같은 당부의 말씀은 시「금방이다」에도 잘 드러나고 있다.

　　(전략)

　　앞서가시는 아버지
　　뒤따라가기만 하면 되는 거였는데
　　두려움에 꿈 깼다

　　내게 바다를 가르치던
　　아버지 말씀 떠올랐다

　　잘해라,
　　금방이다.
　　　　　　　　　　　　　　　―「금방이다」(부분)

전철세 시인의 시에 등장하는 그리움의 정서는 수락할 수 없는 현실 앞에서 화자가 관계의 해체를 지연하기 위해 내세우는 심리적인 전략이다. 시인은 이별이라는 실존적 사건을 마주하며 이승에서 숨죽이며 살았던 존재가 "이제는 편한 숨 쉴까?"라며 애도의 마음을 지속한다.

> 보이지 않는 것들에 대하여 묻는다
> 자식 위해 전부를 내어주고 하늘로 간 엄마
> 숨죽이며 사는 삶이 누군가의 일생이었다면
> 슬프다, 참 슬프다
> 숨 쉬는 것조차 버거운 삶이라서
> 혼자서는 숨도 쉴 수 없어 산소호흡기 탯줄 삼고
> 코에 튜브 꽂아 연명하면서도
> 자식들 만나면 희미한 미소로 화답하던 엄마
> 이제는 편한 숨 쉴까?
> 보고 싶은 맘, 움 틔우는 봄
> 바람의 숨에 대하여 묻는다.
>
> ―「숨」(전문)

5

세상은 다양한 사람들이 다양한 시각으로 보고 해석하며 살아간다. 인간사는 다양한 사람들이 만들어가는 변화의 기록이다. 세상 만물이 변하고 또 변하는데 어찌 시만 제자리에서 홀로 움 틔우고 꽃 피울 수 있겠는가. 발랄한 비유를 끊임없이 건져 올려 세상과의 교감을 이루는 일은 시인의 몫이기도 하다. 그러기 위해서는 세상이 내게로 걸어 들어오거나 내가 세상 안으로 들어가야 한다. 내가 풀과 나무와 꽃들 속으로 들어가 그들이 되어 그들의 눈으로 세상을 보는 것이다.

   전철세 시인은 투사投射와 동화同化의 방법으로 시 창작의 자맥질을 끊임없이 해오고 있다. 시적 대상은 무수히 많은 것이어서 또 다른 나일 수도 있고, 나 이외의 다른 존재일 수도 있다. 시인이 끊임없는 자맥질을 통해 시적 대상과 교감하려는 이유가 무엇인지 몇 편의 시를 통해 음미해 보자.

   돼지들 눈망울과 마주쳤다

   서로 핥아주고 비비대고
   안아주고 사랑하고 아이들 낳고 기르고

   어디로 가는지도 모르고

   네 눈망울에 비친 모습 보면
   나 지금껏 어찌 살았나 싶다

   모든 걸 주고 미련 없이 떠나는
   너를 보며

   꿀꿀거려도 포기할 수 없는 삶

다잡는다

하루를 살아도
서로 핥아주고 비비대며.
　　　　　　　　　　　ㅡ「트럭 탄 돼지」(전문)

　전철세 시인은 인간을 소외로부터 지켜내고 인간이 온전히, 제대로 살 수 있게 하는 자신만의 방식을 보여주고 있다. 인간의 고유한 가치와 권능이 훼손된 현대사회에서 시인은 대상을 통해 구체적인 지각과 경험을 재현하면서 정서적 파급력을 키워간다. "하루를 살아도/ 서로 핥아주고 비비대며" 도살장으로 끌려가는 돼지의 모습을 보며 돼지만도 못하게 살아온 자신을 다잡는다.

　아울러 「트럭 탄 소」에서도 "굴레 벗으려 작심하고 세상과 담판 지으러 가는" 소의 모습을 보며 "너처럼 묵직할지 걱정"이 된다는 성찰의 말을 스스로 되새기며 자기 삶의 경험에 투사된 세계를 전체적으로 통찰하는 특별한 능력을 보여준다. 이를 통해 볼 때 현대사회에서 소용되는 보편성이나 합리성과 달리 전철세 시인은 절실한 삶의 감각과 진정성에 대한 예리한 촉수를 내장하고 있다는 것을 알 수 있다.

트럭 탄 소야
나는 내 님 만나러 가는데 너는 어디로 가니?
나는 마구평 지나 탑정호로 가는데

너는 공주 의당 방면인 걸 보니
굴레 벗으려 작심하고 세상과 담판 지으러 가는가 보다
너의 발자취 거슬러 가면 너는 전생에 나의 아버지
자식 농사짓느라 새벽부터 논밭 일구시던 내 아버지
아버지 걸으신 길 묵묵히 뒤따랐으니, 내 형이기도 하고
머지않아 나도 뒤따라야 할 텐데
너처럼 묵직할지 걱정이다
한 덩치였던 네가 우직스럽게 초식의 삶 고집하면서도
한 생애 일궜던 쟁기와 달구지
떼어 놓으려니 홀가분하겠다
의당에서 워낭과 코뚜레마저 벗거들랑
금강 고마나루 솔밭 길과 정안천 생태공원 길
좋다 하니,
걸어보길 권해 본다.

　　　　　　　　　　　－「트럭 탄 소」(전문)

　제임스 캘더우드(James Caldewood)에 따르면 동화는 시를 통해 시인의 감정과 유사한 정서를 조성하는 것이요, 투사는 시에 등장하는 서정적 자아에 감정이입을 통해서 자아와 세계가 일체감을 이루게 하는 것을 가리킨다고 하였다.

　아래의 시 「파리의 기도」에서 보면 "밥상머리에 앉아 두 손 싹싹 빌고 있"는 파리의 모습을 어릴 적 젖동냥하시던 어머니의 모습과 병치시켜 애틋한 감정과 유사한 정서를 조성하고 있다.

　밥상머리 앉아 두 손 싹싹 빌고 있습니다

〉
내 강아지들 데리고 젖동냥 왔는데
찌꺼기 한 톨이라도 남겨달라고

파리채 들어 잡으려는데
물끄러미 바라보는데

순간 병상에 홀로 누워 계신 엄마 떠올랐습니다
젠장,
 ―「파리의 기도」(전문)

   다음의 시「복날의 단상」에서도 시인은 "전생에 개였나 보다"라고 한다. 개가 되어 "펄펄 끓는 가마솥에 뛰어들어도 좋을/ 그런 미친놈의 사랑 하나쯤 남기고 싶고/ 제대로 된 시 한 줄이라도 쓰고 싶"다고 하였다. 투사의 방법을 활용한 이 시는 전철세 시인의 시 쓰기의 열정과 자세를 단적으로 보여준다.

전생에 아마 난 개였나 보다
복날이 오면
멍멍한 나란 존재 되묻곤 한다
오뉴월 복날이 오면
정갈한 시심으로 목욕재계하고
소신공양 천국 나래 꿈꾸는데
삼계 택한 나의 원고지 위에는
세상 보신 되고 싶은 견공 한 마리가
끙끙거리며 서사시 한편 우려내고 있다

복날이 오면
펄펄 끓는 가마솥에 뛰어들어도 좋을
그런 미친놈의 사랑 하나쯤 남기고 싶고
제대로 된 시 한 줄이라도 쓰고 싶기에
꼬리 살랑대며 짖어대며 살고 있는 것이다
전생에 아마 난 개였나 보다.
　　　　　　　　　　　　―「복날의 단상」(전문)

6

　전철세 시인의 이번 시집 『고요의 수다』를 읽으며 먼저 주목한 것은 기억의 저편에 내재 되어 있는 삶의 편린들을 하나하나 끄집어낸 자전적인 시편에 대한 것이었다. 시인의 시선을 따라가다 보면 가슴이 먹먹해진다. 그의 시선은 늘 낮고 여린 것들을 지향하고 있기 때문이다. 그의 순정한 마음결과 희미해져 가는 것들에 대한 애정은 또 읽는 이들의 마음을 무너지게 한다.
　아울러 전철세 시의 참신함이란, 시 의식의 활용을 통해 이루어진 언어의 독특성이다. 그의 시는 자기 인식이 충분한 구체적 언어들로 잘 갈무리하고 있다. 전철세 시의 독특성은 자기 인식의 관념적 철저함이 아니라, 차라리 그 관념을 몸으로 직접 깨달으면서 그것을 자신의 언어로 바꿔놓고 있다는 점에서 찾아야 한다.

전철세 시에 드러난 비밀의 취향과 대상에 대한 그리움, 그리고 삶의 아포리즘을 따라가다 보면, 모든 것을 떨구고 오직 최후까지 남는 것은 존재의 순수함과 그리움이라는 것이다. 전철세 시인은 세상의 모든 아래를 향해 마음을 기울인다. 가장 원초적 본능에서 시작하여 인간을 외면하지 못하는 시 정신까지 말이다. 그가 추구하는 시의 집결지는 결국 강이고 바다이고 그의 고향인 것이다.

  그 가시나가 보고 싶다고 해서 새벽 물안개가 죽인다고 해서 큰맘 먹고 간 거였어 격포항 앞바다에는 별들이 내려와 철썩대며 추억을 출렁이고 있더군 주낙을 드리우고 포말로 부서지는 격포의 겨울 낭만을 밤새 낚시질할 요량이었지 우리는 파도 소리 들려오는 소라껍질 속으로 들어가 짐을 풀고 방을 꾸몄어 북방파제 등대 아래 파도빛 밀어들이 꿈결처럼 밀려들고 별똥별 스러지던 새벽쯤이었을 거야 뽀얀 민낯을 한 물안개가 실루엣 걸치고 붉은 반달로 피어올랐어 이내 불여우 그 가시나 격포항을 새붉게 물들인 거지 물안개가 죽인다는 걸 그 가시나 온몸으로 보여준 거였어.
                                                      -「격포항 물안개는 새붉다」(전문)

중요한 것은 시적 대상이 무엇이든 시는 땅속에 묻혀있는 감자를 수확하듯 감동을 캐내는 일이다. 시는 감정의 배설물이 아니라, 맑은 우물에서 자맥질하여 건져낸 정제된 감성이다.
  시인은 어떤 순간에 가장 빛나는가? 시인은 어떤 순간에 가장 빛날 수 있는가? 시인은 시를 쓰는 순간에 가장 빛나고, 시처럼 사는 순간에 가장 빛날 수 있다. 첫 시집이라 아직은 시가 범박한 면이 없지 않으나 앞으로 끌밋하고 새뜻한 시를 쓸 것이라고 확신한다. 전철세 시인만의 독특한 시 세계를 기대해본다.

이든시인선 144
고요의 수다
ⓒ 전철세, 2024

발행일	2024년 9월 9일
지은이	전철세
발행인	이영옥
펴 낸 곳	도서출판 이든북
출판등록	제2001-000003호
주 소	대전광역시 동구 중앙로 193번길 73
전화번호	(042)222-2536 | 팩스(042)222-2530
전자우편	eden-book@daum.net
카 페	https://cafe.daum.net/eden-book
공 급 처	한국출판협동조합
	전화 (02)716-5616 (031)944-8234~6

ISBN 979-11-6701-301-9 (03810)
값 11,000원

* 이 책의 판권은 지은이와 이든북에 있습니다.
* 이 책 내용의 전부 또는 일부를 재사용하려면 반드시
  양측에 서면 동의를 받아야 합니다.

* 본 도서는 (재)전북특별자치도문화관광재단 2024년 지역문화예술
  육성지원사업에 선정되어 보조금을 지원받은 사업입니다.